Die STASI-Akte des F.J.Strauß

Bei der Auswahl seiner Feinde
kann man nicht vorsichtig genug sein!
(Fälschlicherweise Theodor Fontane zugeschrieben)

Mit sensationellen Enthüllungen! Von IHM selbst freigegeben. Ins Bild gesetzt von Dieter Hanitzsch beim List-Verlag

Wie immer für
Mercedes und Stefan

Gestaltung des vorderen und hinteren Schutzumschlages:
Dieter Hanitzsch

Autor und Verlag danken der QUICK und dem »Bonner General-Anzeiger« für die freundliche Erlaubnis zum Abdruck mehrerer Zeichnungen.

ISBN: 3-471-77889-6

Druck: Staudigl, Donauwörth
Bindearbeit: Oldenbourg, München

Inhalt

Der Inhalt dieses Buches muß aus leicht verständlichen Gründen geheim bleiben.

Eine Art Vorwort.

Die nachstehend abgebildete Karikaturenfolge, die Ich vor einiger Zeit in einem indischen Druckerzeugnis *) entdeckt habe, sagt alles!

Unter dem Motto „Helft den armen (EX-) Stasi-Agenten" wirbt der ohne jeden Zweifel geniale Karikaturist scheinheilig um viel Verständnis für die jetzt Gottseidank arbeitslosen STASI-Spitzel und macht gleichzeitig Vorschläge, wie man ihnen helfen könnte!

*) QUICK

Leider könnte es sogar passieren, daß das viele Leute im neuen gemeinsamen Deutschland ernst nehmen! Ich habe nämlich hier oben manchmal den Eindruck, als ob die wirklichen →

→ Opfer der STASI ihre eigenen Spitzel wären, mit denen man eigentlich Mitleid haben muß! Und die ganzen STASI-Akten, bzw. die noch übrig sind, müßte man vernichten, aus reiner Nächstenliebe selbstverständlich, damit die Opfer nur ja nicht rausbringen, wer sie ausspioniert hat!

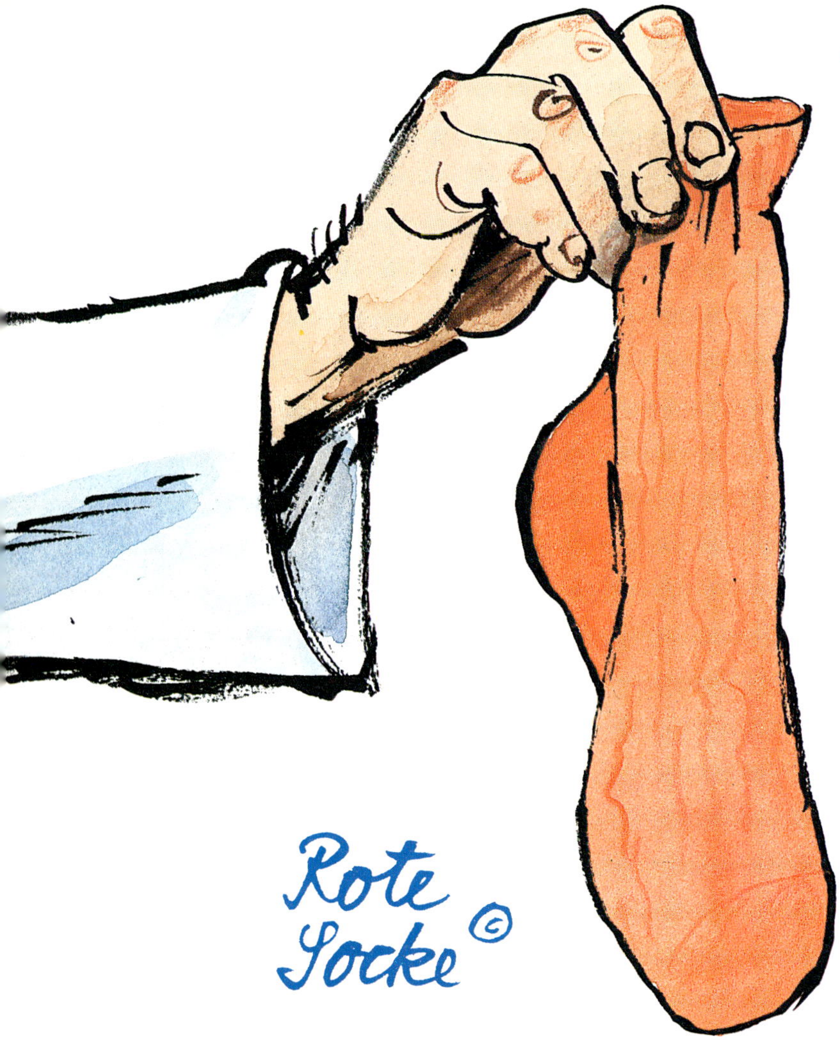

Rote Socke©

Aufpassen, Leute! Wer kann denn am allerwenigsten daran interessiert sein, daß die Wahrheit über die STASI-Sauereien ans Licht kommt? Alle die roten Socken, die bei Euch im Westen herumgehorcht und umeinanderspioniert haben und die noch nicht enttarnt sind! Aber Ich weiß, wo sie sitzen und jetzt zittern, daß alles herauskommt! Sie stehen alle (oder fast alle) in Meinen STASI-Akten, die ~~Ich~~ Mir auf Meinen Befehl hin der Herr Gauck geschickt hat. Ich habe nämlich nichts zu verstecken und gebe hiermit den interessantesten Teil dieser Dokumente frei. Der Rest (etwa 2,5 t) bleibt hier oben.*)

*) vorerst

Leider hat es mindestens mehrere Monate gedauert, bis dieser sogenannte „Bundesbeauftragte" Gauck Meinen Befehl befolgt hat. Der GEHEIM-Stempel über dem Datum soll diese bedauerliche Tatsache vermutlich verschleiern. Gefreut hat Mich, daß Mein Freund Karl Dersch ins Geschäft gekommen ist. Diese Speditionsfirma kannte Ich nicht. Es hat aber sehr gut geklappt.

DER BUNDESBEAUFTRAGTE
für die Unterlagen des Staatssicherheitsdienstes
der ehemaligen Deutschen Demokratischen Republik

Der Bundesbeauftragte Postfach 11 98 · O-1086 Berlin

Berlin, de

GEHEIM

Sehr geehrter Herr Dr. Strauß,

gerne erfülle ich Ihren Wunsch ? nach Einblick in Ihre bei uns vorhandenen Stasi-Unterlagen. Weil ich annehme, daß Sie wohl kaum zu uns nach Berlin kommen werden, habe ich eine uns bekannte internationale Speditionsfirma beauftragt, in enger Zusammenarbeit mit der Fa. „Aerospace" für den Transport der betreffenden Unterlagen im Gesamtgewicht von ca. 2,5 Tonnen zu sorgen.
Ich hoffe, die Angelegenheit in Ihrem Sinne geregelt zu haben und bleibe

Mit freundlichen Grüßen !

Ihr Joachim Gauck

Der Bundesbeauftragte

nur so wenig?

Wahrscheinlich haben diese STASI-Leute den größten Teil rechtzeitig vernichtet!

Weil eine Bundesbehörde daran beteiligt war, war Mir klar, daß es eine ganze Weile dauern konnte, bis die angeforderten Unterlagen bei Mir eintreffen würden (~~Meine~~ Unsere bayerischen Beamten haben ein ganz anderes Tempo drauf!), aber Ich hatte a) wirklich viel Zeit und b) nichts zu befürchten!

VON SHUTTLE AN BODENKONTROLLE! DIESE BAYERISCHE TRÄGERRAKETE HAT NICHT GEZÜNDET! ENDE.
BAVARIAN AEROSPACE
interdean
VON BODENKONTROLLE AN SHUTTLE! DAS IST KEINE TRÄGERRAKETE, DA SIND AKTENORDNER DRIN! ENDE!

Meine STASi-Akten kamen, wie nicht anders zu erwarten, völlig ungeordnet hier oben an. Aber da es um Mich ging, mußte alles interessant sein und Ich griff einfach in den nächstbesten Sack...
FJS
MfS
FJ STRAUSS
F.J.S.
MfS
... und hatte – wie durch göttliche Fügung – endlich den Beweis dafür in der Hand ...

Zwischenbericht an Gen. Minister Mielke betreffs wich-
ige und erfolgreich abgeschlossene Strauß-"Skandale"
unter Verwendung einer
westl. Presse-
veröffentlichg.
Dez. 1980
Strauß-Skandale
Strauß-Skandal 1: Die „Spiegel"-Affäre
1962 wurden in einer Nacht-und-Nebel-Aktion „Spiegel"-Büros durchsucht und „Spiegel"-Redakteure wegen angeblichen Landesverrats verhaftet. Die spätere Untersu-hung dieser Vorgänge ergab, aß Strauß
mehrfach das Parlament be-logen und
rechtswidrig in die Zustän-ligkeit des Justizministers, Au-enministers, Generalbundes-nwalts und des Bundeskrimi-lamtes eingegriffen und sich efugnisse angemaßt hat, die bst dem Kanzler nicht zu-hen.
auß-Skandal 2: HS-30-Affäre
' schloß Strauß als Vertei-igsminister einen Vertrag die Lieferung von Schüt-nzerwagen des Typs HS dem auf diesem Gebiet unerfahrenen Schweizer gskonzern Hispano-
dacht, daß Bestechung sei, drängte sich auf. ersuchung ergab, daß
ndestag durch irre-Angaben bei der der Affäre behin-mtspflicht versäumt ndesrepublik finan-den zugefügt hat.
Strauß-Skandal 3: Die „Starfighter"-Affäre
Noch ehe über Preise, Lizenzgebühren, Garantien und Termine verhandelt und auch nur eine Maschine erprobt worden war, entschied Strauß 1958, für die Luftwaffe den „Starfighter F 104 G" der US-Firma Lockheed anzuschaffen. Mehr als 100 Starfighter-Piloten kamen beim Absturz ihrer Maschinen ums Leben. Untersuchungen durch den Bundesrechnungshof ergaben, daß durch die Starfighter-Entscheidung
die militärische Einsatzfähigkeit über Jahre beeinträchtigt worden ist;
der Bundesrepublik bei vorsichtiger Schätzung „mehrere hundert Millionen Mark" Schaden entstanden sind.
Strauß-Skandal 4: Die „Fibag"-Affäre
1959 wurde zur Realisierung eines Wohnungsbauprojektes der US-Armee die Baugesellschaft Fibag gegründet. An ihr war der Passauer Verleger Kapfinger, Strauß-Freund und CSU-Mitglied, beteiligt. Bei einer Besprechung mit anderen Fibag-Beteiligten verlangte Kapfinger für sich einen höheren Gewinnanteil, weil er „mit Strauß teilen" müsse. Eine gerichtliche Klärung der Affäre erwies sich als unmöglich.
munistischem Gruß!
Sprajo
(Gen. Ob. i.MfS)
Bravo! Schlage Bef. vor! Mielke 1.3.81
... daß alle Meine sogenannten „Skandale" von der STASI eingefädelt worden sind, um Mich & Meine Politik zu vernichten!

Einige Tage später...
NICHT ZU GLAUBEN, WAS DIESE DEPPEN FÜR WICHTIG GEHALTEN HABEN...
HE!

Ein besonders eindrucksvolles Beispiel für a) die Arbeitsweise und b) die Unfähigkeit der STASI-Leute ist dieses Abhörprotokoll einer kleinen Plauderei zwischen Mir und Albert Einstein! Einerseits haben diese Deppen jeden Schmarrn aufgeschrieben, aber andererseits hat offenbar nicht einmal

GEHEIM

~~Quel~~ Abtg. XV/ 888-99 ~~Obst~~ Oberst Dumbacke 17⁰⁰/18/6/90

Quelle: IM "Silberling"

Tonbandabschrift eines abgehörten Gesprächs zwischen zu überwach.Person und einem Herrn Einstein (Vorname evtl.Albert),muß noch gekl. werden.

~~FJS~~

FJS : Servus, Einstein! Schön, daß Sie wieder mal vorbeischauen!

~~Einstein:~~

Einstein :Wie geht's denn immer so, mein Lieber?

FJS : Relativ gut. Übrigens, ich wollt' Sie etwas fragen...

Einstein: Sie? Mich? Sie wissen doch alles!

FJS : Ich schon, aber es geht um Herrn Kohl.

Einstein: Kohl? Wer ist das?

FJS : Leider der derzeitige deutsche Bundeskanzler.

Einstein: Tatsächlich? Und was ist mit ihm?

FJS : Eben nix. Aber ich bin leider als sein Schutzengel eingeteilt und muß ihm einmal im Monat Nachhilfeunterricht geben.

Einstein: Wie unangenehm. Und was hat das mit mir zu tun? Physik braucht er doch nicht mehr, oder?

FJS : Oh mei, der kann alles brauchen, ha ha ha (Lachen), aber im Ernst, er hat mich gefragt, ob ich ihm die Relativitätstheorie erklären könnte...

Einstein: Das war sicher kein Problem für Sie!

FJS : Bei Kohl ist das schon ein Problem. Ich hab' es sehr einfach machen müssen...

Einstein: Wie einfach?

FJS : Also, paß auf, Helmut, hab ich gesagt, wenn jemand nur noch 1 (ein) Haar auf dem Kopf hat, dann ist das relativ wenig. Aber 1 (ein) Haar in der Suppe ist relativ ~~fixi~~ viel. ~~Trif~~

Einstein: Trifft's das in etwa? Hat ihr Kohl es kapiert?

FJS : Ich glaub' schon, ~~w~~ aber er ist nicht mein Kohl.

GEHEIM

dieser STASI-Oberst Dumbacke (!) gewußt, wer Albert Einstein war! Oh mei...

GEHEIM

Blatt 2(zwei)

Einstein: Dann lassen wir es so. Man soll nicht zuviel verlangen. Der menschliche Geist ist zwar unermeßlich...

FJS : Da bin ich mir net so sicher.

Einstein: ... aber wir nutzen leider nur 1o(zehn) Prozent unseres geistigen Kapitals!

FJS : D a s habe ich oft feststellen müssen. ------ (man hört Trinkgeräusche) Mir sind im Moment ein paar von unseren, das heißt Bonner und Münchner Politikern durch den Kopf gegangen...

Einstein: Das wäre relativ wenig...

FJS : Absolut! Aber dabei ist mir n o c h eine Frage an Sie eingefallen: Was ist eigentlich 1o(zehn) Prozent von Nix?

Einstein: Müßte Null sein.

FJS : Müßte?

Einstein: Na ja, ich habe meinen Taschenrechner nicht dabei.

FJS : Sie haben recht, Einstein. Man soll nicht so viel verlangen.

Einstein: So ist es. Das erinnert mich an m e i n e Nachhilfestunde. Ich muß mich beeilen!

FJS : Wessen Schutzengel sind S i e denn?

Einstein: Anne Sophie Mutter.

FJS : W i e b i tte??

Einstein: Na ja, in meiner Eigenschaft als Geiger. ER meint, ich würde da weniger Schaden anrichten können, relativ weniger... In diesem Sinne, bis auf bald, junger Mann! (Geräusch von Flügelschlagen)

FJS : Einstein der Schutzengel von Anne Sophie Mutter! Die Gedanken des Herrn sind wirk-unerforschlich! (man hört Trinkgeräusche)

Ende des Gesprächs.

an FM Mielke! Sofort 18/6/90 D.

GEHEIM

GEHEIM

CSU
Wieviel sind 10% von Nix?

Daß Mein Gedankenaustausch mit Albert Einstein wenigstens in den STASI-Akten der Erdenwelt überliefert wurde, war zwar anerkennenswert, aber ICH mußte Mich dennoch fragen, ob es

a) zur Zeit dieser Gespräche überhaupt noch eine STASI geben konnte und wenn JA, ~~wie sie denn~~ WER ihr

b) darüber berichtet hatte!

Schließlich hatten Albert und Ich uns ja hier oben unterhalten! Sollte etwa Einstein? Blödsinn! Ein Mann von seiner Intelligenz, die in etwa sogar an Meine heranreicht, läßt sich nicht mit der STASI ein. Möglich wäre allerdings, daß Einstein spiritistische Kontakte mit unten gehabt und dabei – ohne sich Böses zu denken – geplaudert hatte. In der Runde der Geisterbeschwörer konnte

ja ein STASI-Spitzel gesessen sein. Diese Typen sitzen bzw. saßen (?) überall. Aber einige Berge Akten später fand Ich eine STASI Notiz über Mich, die Mir mit einem Schlag klarmachte, daß es sogar hier oben im Himmel einen STASI-Spion geben mußte! Es gab keine andere Möglichkeit. An die Information und das beiliegende Dokument (Quelle schon wieder IM „Silberling"!) konnte das MfS nur durch einen verräterischen Himmelsbewohner gekommen sein!

Thema des STASI-Berichtes war nämlich ein Leitartikel zum Genscher-Rücktritt (Mai 1992), den Ich für den hier erscheinenden „Himmelsboten" verfaßt hatte:

GEHEIM!

~~[struck through]~~, 18.5.92

~~An~~ Ministerium für Staatssicherheit
~~Abte~~ ~~AA~~ Abteilung XVI u. Abteilung XXXI
Ihr Informationsbedarf vom 17.5.92

IM "Silberling"

Zu überw. Person hat für "Himmelsboten" (hier unter Ausschluss der Weltöffentlichkeit erscheinendes kath.-imperialistisches Kampfblatt) Leitartikel zum Rücktritt des BRD-Aussenmiisters H.D.Genscher (bei Ihnen bekannt) geschrieben. Tendenz extrem negativ. Sinngemäss: Hätte schon vor Jahren zurücktreten müssen und sich an sein Amtgeklammert, nur um zu vermeiden, daß ein besserer, z.B. ~~B.~~ Strauss, aller Welt zeigt, wie man es hätte machen müssen, oder können. Genscher sei nur ein eitler Selbstdarsteller gewesen, der als sog. "dienstältester Außenminister der Welt" zum Schluß sogar selbst an seine Un~~ersätzlich~~ersetzlichkeit geglaubt habe. Ebensogut könne man auch sagen, nur noch der dienstälteste Schrankenwärter Deutschlands sei dazu fähig, Bahnschranken zu schließen. Genscher sei auch nur deshalb gegangen, weil er vor allen anderen merke, wann ein Schiff zu sinken beginnt und wollte sich einen guten Abgang verschaffen, aber mit der Intrige um seine Nachfolge und der Einsetzung Möllemanns als Vizekanzler hätte er bewiesen, daß er nicht mal richtig abtreten könne. Nur hätte das wie ~~so oft~~ keiner gesagt, und der Verfasser des Kommentars sei ja leider nicht mehr an Ort und Stelle.

wie immer!

~~Ich~~ Ich bitte, in nächster Zeit eine Pause einlegen zu dürfen. Ich fürchte, bei der Requirierung der handschr. Notizen der zu überw. Person evtl. beobachtet worden zu sein.

Aha!

genehmigt 19.5.92 [signature]
Oberst

gez. Silberling

GEHEIM!

Zumindest eines hatte dieser IM „Silberling" erfaßt:

Daß sich Meine Wertschätzung für Herrn Genscher schon zu Meinen

Lebzeiten sehr in Grenzen hielt. Als ich dann im „Sky-Channel" von Genschers Rücktritt erfuhr, war Mir sofort klar, daß er wieder mal rechtzeitig die Kurve gekriegt hatte und Ich dieses weltbewegende Ereignis nicht unkommentiert lassen konnte, zumindest nicht hier oben.

Sofort habe Ich Mir damals einige Notizen gemacht, um Herrn Genscher und seine ~~welt~~ politische Bedeutung entsprechend zu würdigen.

Mai 1992

Das ist eine gute Nachricht! Genscher wirft das Handtuch! Endlich!
Muß Zeitartikel für „Himmelsboten" ~~anbieten~~! schreiben! Sofort!
Stichworte: Eitel, unfähig, viel zu lange im Amt, hätte schon zu Meinen Lebzeiten abtreten müssen!
Genscher hat immer verhindert, daß ein besserer (also Ich) nachfolgen konnte. Jeder wäre besser gewesen.
Aber Helmut hat natürlich gewußt, daß ihm der Genscher ein paar Krümel von der Außenpolitik übrigläßt, z.B. „deutsch-französische Konsultationen" (damit der Helmut in Paris franz. essen kann!)

Neben Mir als Außenminister hätte der Herr Bundeskanzler wie ein außenpolitischer

Pinguin gewirkt* und hat Mich nicht hingelassen!

*) trotz seiner 194 cm!!

Was hat dieser Genscher denn so besonderes geleistet? „Dienstältester Außenmin. der Welt". Na und. Ist das mehr als „dienstältester Schrankenwärter" der Bundesbahn?

Das einzige, was er wirklich konnte: Er hat immer als erster gemerkt, wann das Schiff sinkt, auch diesmal!

Über Genschers Beitrag zur Wiedervereinigung ~~will~~ kann Ich mich nicht äußern, weil Ich zu befangen bin. Aber er hat NICHTS von Bedeutung beigetragen, absolut NICHTS!

Das ist alles!

fort beim „Himmelsboten" anrufen!

Meine handschriftlichen Notizen konnte nur jemand von hier oben der STASI gegeben haben. Es sind sogar die Originalblätter, die der STASI-Spitzel aus Meinem Notizbuch gestohlen haben muß! Er konnte auch leicht hin, weil Ich hier oben mit einem STASI-Spion nicht gerechnet habe!

Aber wer könnte es sein?

Plötzlich hatte ich einen Verdacht! Es gibt einen Engel hier oben, den alle nur den „GIBT'S WAS NEUES"-Engel nennen. Seinen richtigen Namen kenne ich gar nicht. Er hat riesige Hörner u. ganz kleine Flügel, ist also nur mit knapper Not hier oben reingekommen.*) Mir kommt er irgendwie bekannt vor. Er erinnert mich an jemanden, den ich nicht mag. Seinen Spitznamen hat der

*) siehe „Die ächten Memoiren des F.J. Strauß" Seite 13–19

„GIBT'S WAS NEUES" – Engel deshalb bekommen, weil er jedesmal, wenn er vorbeischleicht (fliegen kann man das nicht nennen), sagt: „HALLO, GIBT'S WAS NEUES?" Meistens kommt er unangemeldet und überrascht mich. Ich habe ihn sogar schon einmal dabei erwischt, wie er auf meiner Wolke herumgeschnüffelt hat! Ist er dieser IM „Silberling", der STASI-Spitzel im Himmel? So wie er ausschaut, traue ich ihm alles zu! Ich werde ihm eine Falle stellen!

Gedacht, getan. Am nächsten Tag schrieb ICH eine schon längst fällige Anfrage an MEINEN ehemaligen Kultusminister Hans Zehetmair, aber diesmal nicht deutsch, wie sonst, sondern auf

LATEINISCH.

Das war ein Teil meines Plans.

Dann verließ ICH MEINE kleine, aber modern ausgestattete Arbeitswolke, ließ aber den Text des lateinischen Briefes auf dem Screen MEINES Lap tops stehen – wie wenn ICH ihn vergessen hätte. ICH flog zu MEINER Wohnzimmerwolke hinüber und versteckte MICH dort. Und tatsächlich kam wenige Augenblicke später der „GIBT'S WAS NEUES"-Engel daher! Er schaute sich verstohlen um und zog dann

eine rote Kamera aus seinem Hemd. ICH dachte: Aha, jetzt hab ICH dich! Natürlich hatte ICH damit noch nicht den endgültigen Beweis, daß er der IM „Silberling" war, aber ich war nah dran. ICH mußte nur noch herausfinden, ob der Brief mit dem lateinischen Text irgendwann irgendwo in MEINER STASI-Akte auftaucht, dann hatte ICH ihn. Denn daß es im bayerischen Kultusministerium keinen IM gibt, dafür lege ICH MEINE Hand ins Feuer.

Als der wahrscheinliche Haderlump seine Fotos endlich im Kasten hatte und abgeschwirrt war, druckte ICH den Brief aus und schickte ihn per ASTROFAX© ins bayerische Kultusministerium (2186-2888).

Der Bayerische Ministerpräsident i. W.*)

~~8000 München 22~~
~~Prinzregentenstraße 7~~
~~Tel. (089) 2 16 50 · FS 05-23 809~~

Ganz oben, 1992**)

Herrn Staatsminister
Hans Zehetmair
Bayer. Staatsminister für Unterricht und Kultus
Salvator(!)-Str.2
8000 Muenchen 2

persönlich!

Lieber Hans,

horribile est auditu vos studium linguae Latinae tollendum aliquando censere.
Estisne vos dementia capti ??
An nemo vos certiores fecit omni magistratui caelesti lingua Latina - minime autem Hebraica - fungendum esse?
Quicumque enim cursum honorum caeli transcurrere studet, Latine loqui debet.
Ne credideris me fortuito imperatorem exercitus caelestis citissime factum esse.
Spero animum meum turbatum rescripto tuo lenitum iri.

Vale

Franz Josef

*) im Wartestand
**) wir zählen hier oben höchstens die Jahre

Daß der Brief lateinisch abgefaßt war, verwunderte dort keinen. Die sind von MIR einiges gewöhnt. Es hatte mit ihnen auch nix zu tun.

Ein paar Wochen lang passierte nichts. Damit meine ICH nicht den Herrn Kultusminister, der hat fast sofort geantwortet (siehe Seite 32). Nur mit der STASI war nix. Kein Anzeichen. Hatte ICH dem „GIBT'S WAS NEUES"-Engel am Ende Unrecht getan? Nicht einmal ICH bin unfehlbar. Aber vielleicht bin ICH viel zu bescheiden. Denn bald darauf brachte MIR MEIN persönlicher Himmelsbote Aloysius ein dickes Paket von der Gauck*-Behörde. Und was war drin? Eine nagelneue STASI-Akte, MICH betreffend! Der wichtigste Teil befaßte sich mit MEINEM lateinischen Brief nach München. Quelle: IM Silberling! Der „GIBT'S WAS NEUES"-Engel war enttarnt, er war der STASI-Spitzel!

*) Nach ihrem Leiter benannte STASI-Aktenverwertungsstelle in Berlin.

Bevor Ich weiter berichte, wie durch Meine List mit dem lateinischen Brief nicht nur dieser saubere Herr „Silberling", sondern auch noch ein STASI-IM im „Bayerischen Rundfunk" (!) aufgeflogen ist, will Ich nur der Ordnung halber die deutsche Fassung Meines Briefes an den bayerischen Kultusminister hier bringen. Für die Absolventen bayerischer Gymnasien wäre das nicht nötig, aber Ich muß ja auch an die anderen Leser denken.

Lieber Hans,

habe mit Entsetzen gehört, daß ihr daran denkt, irgendwann den Latein-Unterricht abzuschaffen! Seid ihr denn vollkommen wahnsinnig geworden? Hat euch denn niemand gesagt, daß LATEIN die himmlische Amtssprache ist? (N i c h t hebräisch!) Wer hier oben was werden will, muß Latein können! Ich bin ja nicht zufällig schon nach kurzer Zeit zum Oberkommandierenden der Vereinigten Himmlischen Heerscharen ernannt worden! Kannst Du Mich mit einer anderslautenden Antwort beruhigen?

Salve

Franz Josef

In der neuen STASI-Akte, die Mir der Aloysius gebracht hatte, fand Ich diese Nachricht eines FüO „Murmeltier(!) an unseren Herrn Silberling

Von FüO VS "Murmeltier" an IM "Silberling" wg. FO FJS /92-XX-23

Konnte heute untenstehendes CFS an FO abfangen. Wahrscheinlich Antwort auf CFS von FO an Zehetmair. Leider auch dieser Text noch nicht entschlüsselt, weil der neue Geheim-Code nicht einmal bei den Kollegen vom KGB bekannt ist. Inhalt muß wichtig sein, evtl. anhaltende Steuerung der bayer. Reg.-Politik xxxx durch FO ! Wenn Code geknackt, erfolgt Meldung. Murmeltier grüßt Silberling. Ende.

DER BAYERISCHE STAATSMINISTER
FÜR UNTERRICHT, KULTUS, WISSENSCHAFT UND KUNST

Herrn Ministerpräsident i.W.
Dr. Franz Josef Strauß
Bekannte Adresse

München, den [illegible]

GEHEIM GEHEIM GEHEIM GEHEIM

Johannes a cultu et humanitate Francisco Josepho suo salutem

Valde me piget te rumoribus fallacibus deceptum. Quis dubitat, quin non solum magistratus mei, sed etiam discipuli Bavarici numquam desinant linguae Latinae colendae maximam operam dare. Utinam tota Germania talis mentis sit, qualis Bavaria semper fuerit.

Vale
J.a.c.c.e.h.

Hans Zehetmair
Bayerischer Staatsminister
für Unterricht, Kultus,
Wissenschaft und Kunst

Mein Trick hatte also funktioniert: Wer Latein für einen neuen Geheim-Code hält, hat wahrscheinlich nur Russisch gelernt und ist demzufolge ein STASI-Spion!!

FüO heißt Führungs-„offizier", FO ist ein „Feindobjekt" (das bin Ich) u. CFS heißt „Chiffriertes Fernschreiben." Das sind zu Eurem Verständnis ein paar Abkürzungen aus der STASI-Sprache, die man sich aber nicht mehr merken muß (hoffentlich!) Wer war nun der → FüO „Murmeltier"?

Wo findet man jemanden, der a) Latein für einen Geheim-Code hält und b) immer noch nicht gemerkt hat, daß es die DDR und damit die STASI gar nicht mehr gibt? Aus Meiner aktiven Zeit weiß ich, daß Leute, die erst Jahre nach einem Ereignis erstaunt feststellen, daß es überhaupt stattgefunden hat, am ehesten in Rundfunkanstalten ~~arbeiten~~ zu finden sind. Natürlich mußte Ich sofort an den „Bayerischen Rundfunk" denken, wo man leider auch ohne das Große Latinum höchste Positionen bekleiden kann!

Trotzdem kamen Feller oder Mertes nicht in Frage. Plötzlich fiel Mir eine andere Schlafmütze ein, die Mir schon immer durch den Ehrgeiz aufgefallen war, so wenig Sendungen wie möglich zu machen, eine in Bezug auf die zu erwartende Qualität an sich löbliche Haltung. Konnte es nicht sein, daß die STASI ausnahmsweise einmal witzig sein wollte und aus einer Schlafmütze das „Murmeltier" wurde? Gespannt blätterte Ich die neuen Unterlagen durch, und tatsächlich: Mein Verdacht war richtig! Die bekannte Schlafmütze war das unbekannte „Murmeltier"!

Regierung der
Deutschen Demokratischen Republik
Ministerium des Innern
Staatssekretariat für Staatssicherheit

GEHEIM

Aktenspiegel

für die Personalakte des geheimen Informators — Hauptinformators — geheimen Mitarbeiters — Inhaber einer konspirativen Wohnung

Reg.-Nr.: 3798/XX-21

bestätigt am: 29.2.1957

Angeworben am: 29.2.1957

Angeworben durch: Gen.Major Öhler-Waldenfels

geworbenen Person unter den Namen: Sportkamerad Fritz, der bei der bekannt ist.

Kategorie: GM XXX mit Perspektive auf FüO

Linie, auf der die geworbene Person arbeitet: Fernseh-Redaktör in gehobener Stellung beim "Bayerischen Rundfunk"

Deckname der geworbenen Person: GM "Murmeltier"

Losungswort: "Solang der Alte Peter".

Größe: 1,87

Gestalt: füllig

Gesicht: oval

Haar: wenig

Bart: kein

Besondere Kennzeichen: Führt immer eine "Smith- und Wesson" bei sich. Fühlt sich von US-XXXXXX Mafia verfolgt. Nicht überprüft. Spielt Schach, aber schlecht. Überprüft.

GEHEIM

Leider hatte sich wieder einmal bestätigt, was Ich schon immer geahnt hatte: Entgegen der allgemein verbreiteten Ansicht ist der „Bayerische Rundfunk" kein Privatsender der CSU, sondern ganz im Gegenteil eine Kaderschmiede der Linken!

Quod erat demonstrandum, wenn Ihr wißt, was das heißt!

Natürlich
hatte Ich vom „Bayerischen Rundfunk" nichts anderes erwartet.
Aber daß man nicht einmal im Himmel vor der STASI sicher
sein konnte, hätte Ich vorher nicht geglaubt. Und fast wäre Ich
aus allen Wolken gefallen, als Ich auf Meine Beschwerde hin erfuhr, daß a) ER davon gewußt hatte und b) der GIBT'S WAS NEUES-ENGEL kein anderer war als Judas! Der ist auch hier oben?

Der einzige, über den in meinen STASI-Akten keinerlei belastendes Material zu finden war. Damit gelten alle anderen als enttarnt – und zwar ein für alle Mal!

Obwohl es nicht hierhergehört, möchte Ich doch nicht verschweigen, daß Ich vor kurzem zum Oberbefehlshaber der „Vereinigten Himmlischen Heerscharen" ernannt worden bin. Der oben abgebildete Paradehelm darf allerdings nur im Konfliktfall und an hohen christlichen Feiertagen getragen werden. Uniform gibt es keine.

Selbstverständlich kann Ich hier keine militärischen Geheimnisse preisgeben. Nur soviel will Ich verraten, daß Ich die Verteidigungsbereitschaft der „Vereinigten Himmlischen Heerscharen" durch die ~~Auf~~ Ausrüstung mit modernen ballistischen Gefechtsfeldwaffen stark verbessert habe.

Luft-Luft-Rakete „Heaven" von MBB mit konventionellem und nuklearem Sprengkopf.

Bei dieser Gelegenheit darf Ich ja zugeben, daß Ich trotz Meiner diesbezüglichen Qualifikation über Meine Berufung etwas erstaunt war. Aus Meiner in Bayern erhaltenen und daher umfassenden Schulbildung waren Mir doch die z.B. „allerchristlichsten Heerführer" der verschiedenen Kreuzzüge ein Begriff: Bohemund von Tarent, Gottfried von Bouillon, der „Verteidiger des Heiligen Grabes", Graf von Vermandois oder Graf Balduin von Boulogne, Friedrich Barbarossa oder Friedrich II, oder gar Richard I. Löwenherz! Mit ihnen hätte Ich wohl nie konkurrieren können – aber keiner von denen ist hier oben, nicht ein einziger! Übrigens ist Mir auch noch nie irgendein Papst begegnet, was Mich allerdings nicht wundert: Auch ER mag keine Stellvertreter!

Ich freue Mich schon auf Meinen Heiligenschein. Er schaut nämlich sehr schön aus und ist sogar am hellichten Tag zu sehen!

Ich frage Mich nur, warum Ich
immer noch keinen habe !!

Natürlich wird es auch im Himmel Nacht, sonst könnte man ja nicht schlafen. Es ist so stockdunkel, daß man die Hand nicht vor den Augen sehen könnte – aber wir sehen sie schon, weil wir Engel leuchten! Wir brauchen auch kein elektrisches Licht, weil wir wie die Katzen auch im Dunkeln alles sehen!

Einige von uns werden hin und wieder zur Erde geschickt*) (ICH sehr oft), um das Schlimmste zu verhüten. Ein paar dieser Missionen habe ICH in MEINER STASI-Akte wiedergefunden, jedenfalls das, was diese Amateure davon verstanden haben. ICH werde an geeigneter Stelle darüber berichten.

*) Bis kurz vor dem Eintritt in die Erdatmosphäre fliegen wir mit 4 LUX. Dann muß man stark herunterbremsen. Wer es zu eilig hat, der verglüht (Pfeil). Früher habe ich auch gemeint, es wären Sternschnuppen. Jetzt weiß ich es besser.

Geheime Verschlußsache
MfS ooo9 Nr.XX/91-FJS

Abteilung:XXI

Quelle: IM "Silberling"

am:

Tonbandabschrift:

Geräusch : Tüüüüüüüüüüüüüt - tüüüüüüüüüüüüt -tüüüüüüüüüüüt!
Knacks. Schwaches Rauschen.Dann Melodie"Gott mit dir, du Land der Bayern" (überprüft).

Frauenst : Grüß Gott, hier ist der automatische Anrufbeantworter der Staatskanzlei. Der Herr Ministerpräsident Dr. Max Streibl sind leider zur Zeit nicht erreichbar. Legen Sie nicht auf, sondern hinterlassen Sie Name und Telefonnummer. Wir rufen Sie zurück. Bitte sprechen Sie erst nach dem Pfeifton. Piep !
Kurze Pause.

Strauß : Ja zäfixhalleluja! Was ist denn das? Der Herr Ministerpräsident haben einen Anrufbeantworter auf der Geheimnummer! Sprechen Sie erst nach dem Pfeifton! Ich pfeif auf den Pfeifton, mein Lieber! Ich weiß doch, daß Du um diese Zeit immer schläfst! Du rufst auf der Stelle an, aber sofort!
KRACKS.

Strauß(zu sich)

: Nicht zu glauben. So ein Lattierl. Dem werd ich den Pfeifton schon austreiben. Der Herr Ministerpräsident sind zur Zeit nicht erreichbar. Und sowas is mein Nachfolger!

Telefonklingeln.Telef. wird abgehoben.

Strauß : Hier Hauptquartier des Oberbefehlshabers der Vereinigten Himmlischen Heerscharen. Der Oberbefehlshaber selbst am Apparat. Was gibt's?

Frauenst. : Herr Dr. Strauß selig? Hier ist das Büro des Herrn Ministerpräsidenten. Ich habe eben den Anrufbeantworter...

Strauß : Lassen S' gefälligst das "selig" weg, reden S' net lang herum, sondern wecken S' sofort ihren Herrn Ministerpräsidenten, aber auf der Stelle!

Frauenst. : Er steht schon neben mir, Herr Dr. Strauß sel..äh.. ich stelle durch.

Streibl : Grüß Gott, Franz Josef! Wie geht's denn immer so? Ich komm' grad aus dem Ministerrat.Wir haben fast einstimmig beschlossen, die neue Staatskanzlei "Franz Josef Strauß-kanzlei" zu nennen. Vielleicht freut's dich.

Strauß : Das is mir vollkommen Wurscht. Was mir aber nicht vollkommen Wurscht ist, ist folgendes: Ich hab vorhin im Skaitschännl(phon.)* eine Sendung gesehen, bei der mir die Galle übergelaufen is...

Streibl : Um Gotteswillen! Übernehmen die denn MONITOR?

Strauß : Rindvieh! Der Kirch is doch net wahnsinnig! Es war ein Bericht über die Huldigung der versammelten bayerischen Staatsregierung für diesen Kommunisten Gorbatschow!!

Streibl : Du meinst unseren kleinen Empfang im Hofbräuhaus?

---

*) Gemeint ist „Sky Channel", das private Himmelsfernsehen (Leo Kirch!). Der Spitzel kann nicht einmal Englisch...

Strauß : Kleiner Empfang! Daß ich net lach! Der Herr Gorbatschow will ein neues Buch verkaufen, ich hab ein Vorausexemplar durchg'schaut, es is der gleiche Schmarrn wie sonst auch, und ihr Deppen hupfts wie livrierte Affen um diesen Versager herum! Seids ihr denn noch zu retten?

Streibl : Aber der Gorbatschow hat uns doch die Einheit geschenkt, Franz Josef, und da haben wir gedacht...

Strauß : Ihr habt gedacht. Ihr habt eben leider nicht gedacht! Ihr habt noch nie gedacht, am allerwenigsten du! Jedenfalls nicht, solang ich da war. Das hats auch nicht gebraucht. Aber daß es soweit fehlt, das hätte net mal i c h gedacht.

Streibl : Aber Franz Josef...

Strauß : Maul halten, Max. Ich bin noch nicht fertig. Der Herr Gorbatschow hat euch also die Einheit geschenkt, sagst du? Wenn ich das schon hör! Ja glaubt's ihr denn diesem Genscher alles?
Der Herr Gorbatschow hat euch gar nix geschenkt, im Gegenteil! Er hat euch politischen Gartenzwergen, mit Kohl an der Spitze, zum Höchstpreis einen uralten, verrotteten Gebrauchtwagen verkauft, den nur noch der Rost zusammenhält! Für das Geld, das ihr jetzt noch in dieses großherzige Geschenk stecken müßt, damit's net vollkommen auseinanderfällt, hättet ihr euch einen nagelneuen Rolsreuß (phon.) kaufen können, ihr Rindviecher, wahrscheinlich sogar zwei!

Streibl : Meinst du mit Gebrauchtwagen vielleicht die DDR ?

Strauß : Ich bin tief beeindruckt, lieber Max. Du hast es ja fast verstanden.

FÜR DEVISEN MACHEN DIESE RUSSEN ZUR ZEIT ALLES!
Herzlich willkommen CSU GORBI!
Hofbräuha

Streibl : Aber wir haben doch vorher nicht gewußt,daß es um die DDR so schlecht steht, Franz Josef. Du selber hast doch mit diesem Schalck-Golodkowski ...

Strauß : (seufzt) Du weißt also immer noch nix?

Streibl : Was weiß ich immer noch nicht?

Strauß : Was der Schalck-Golodkowski wirklich gemacht hat.

Streibl : Um Himmelswillen! Hoffentlich erfahren die Sozis nix davon. Wir haben gerade einen Untersuchungsausschuß im Landtag...

Strauß : Ein Untersuchungsausschuß? Ich glaub', ich muß jetzt doch mit der ganzen Wahrheit herausrücken!

Streibl: : Aber die halbe is doch schon schlimm genug, Franz Josef...

Strauß : Keine Panik, Max. Du wirst staunen. Inzwischen bitte keine Staatsempfänge mehr ohne mich vorher zu fragen, nicht mal im Hofbräuhaus, für niemanden, verstanden?

Streibl : Jawohl. Nein.

Strauß : Ich melde mich bald. Schlaf jetzt weiter. KRACKS.(Telef. wird aufgelegt)

Strauß(zu sich): Oh Gott, oh Gott, oh Gott, oh Gott, oh Gott!

Ende des Abhörprotokolls.

An dieser Stelle muß Ich Euch bitten, ganz <u>vorsichtig</u> das Gehirn einzuschalten (auch Dich, lieber Max) und ernsthaft über folgende Frage nachzudenken: Warum, meint Ihr, hab' Ich Mich denn mit dem Herrn Schalck-Golodkowski eingelassen? Weil er so schöne blaue Augen hat? Oder weil er eine echte „rote Socke"*) und STASI-Oberst (mind.) war? Oder weil er einen direkten Draht zu Mielke, Wolf und Honecker hatte? Oder weil er als Ko-Ko-Chef Devisenbeschaffer und -verwalter der DDR gewesen ist? Oder weil er gern Meißener Porzellan gesammelt hat? Oder weil er nicht nur ein OibE**), sondern auch Waffenschieber war? Oh Sancta Simplicitas! Doch nicht Ich, Freunde!

*) von Mir geprägter, vom Volksmund übernommener Begriff für einen unbelehrbaren Roten.

**) STASI-Abkürzung für „Offizier im besonderen Einsatz".

Es war nämlich alles ganz anders!

Der Alexander Schalck war in Wirklichkeit ein von MIR umgedrehter Doppelagent! Bei der STASI lief er unter dem Decknamen IM „März“. Die Deppen in der Normannenstraße sind auf alles reingefallen, was er über MICH und die anderen berichtet hat. Auch Theo und Max wußten wie so oft von nix! Als BND-Agent „Gesprächspartner“ hat Schalck in ~~unserem~~ MEINEM Auftrag das DDR-System unterminiert! Ihr solltet den Schalck also nicht verfolgen, sondern ihm danken!

Stattdessen wird dieser hochverdiente Mann von selbstverständlich ahnungslosen politischen Nullen in Bonn und in München vor Untersuchungsausschüsse geladen und muß dort den Schalck spielen! Damit das ein für alle Mal aufhört – und zwar auf der Stelle! – gebe Ich hiermit ganz langsam zum Mitschreiben bekannt, wieviele und welche Rollen der Herr Schalck-Golodkowski wirklich gespielt hat:

1 Herr Schalck-Golodkowski war unter dem Decknamen „Gesprächspartner" ein Top-Agent des Bundesnachrichtendienstes!

2 Herr Schalck-Golodkowski hat als IM „März" jahrelang die STASI und damit die ganze DDR-Regierung mit total erfundenen Berichten an der Nase herumgeführt (Beispiele folgen)!

3 Herr Schalck-Golodkowski war auch Herr Schalck-Golodkowski und als solcher hinreichend bekannt!

Typisches Dokument über die Entstehung des IM „März"!

März!

V e r m e r k

über ein Gespräch mit Josef M ä r z am 14.03.1975

Das war die Legende, wie wir in Geheimdienstkreisen die Personenbeschreibung nennen.

<u>Zur Person:</u> geb. 26.o7.1925 in Rosenheim, Oberbayern
wohnhaft 8203 Oberaudorf, Schützenstr. 1

März ist Mitglied der CSU,
war Schatzmeister dieser Partei und ist
jetzt Mitglied des Wirtschaftsausschusses
der CSU,
intimer Freund von Strauß.

März ist Käufer von Fleisch und Lebendtieren,
ist für exakte kommerzielle Abwicklung
bekannt.
Er bemüht sich gegenwärtig mit uns evtl.
um die Bildung einer gemischten Gesellschaft
mit Sitz im Libanon zum Export von Fleisch
besonders nach Saudi-Arabien.

Sehr raffiniert und vor allem bequem! Schalck spricht mit sich selbst („März")

Am 14.03.1975 fand auf Wunsch von März ein Gespräch mit mir statt.

Neben allgemeinen kommerziellen Fragen, bei denen das beabsichtigte Objekt "Gemischte Gesellschaft Beirut" im Mittelpunkt stand, wurde von seiner Seite eine kurze Einschätzung der politischen Perspektiven in der BRD vorgenommen.

Besonders aus Kreisen der Arbeiterklasse wird der verstärkte Ruf nach sozialer und innerer Sicherheit immer stärker. Bei einem durch ihn selbst durchgeführtem Besuch in Städten an der Ruhr konnte er sich persönlich von dieser Stimmung überzeugen.

!!

Eine klassische Falsch-Information, um in der DDR-Regierung falsche Hoffnungen zu wecken! →

Mit kommunistischem Gruß

Alexander Schalck

Am 23.09.1985 informierte März*) mit der dringenden Bitte um strengste Geheimhaltung:

Strauß hat im internsten Kreis die feste Absicht geäußert, bei einer Neubildung des Kabinetts nach den Wahlen 1987 ein einflußreiches Regierungsamt zu übernehmen.

Nach Aussagen von März ist mit Sicherheit anzunehmen, daß Strauß im Bundeskabinett als Vizekanzler eintreten wird. '87
Diese Entscheidung soll bereits gefallen sein.

März bestätigte was bereits von Jenninger angedeutet wurde, daß der Eintritt von F.J. Strauß als Vizekanzler in das Kabinett sehr wahrscheinlich ist. '88

GEHEIM

März wird bemüht sein, uns kurzfristig in dieser Frage über mögliche Vorentscheidungen zu informieren.

*) Schalck-Golodkowski

Ganz besonders Spaß machte das Nachdenken darüber, mit welchen Geheim-Nachrichten der IM „März" die Tattergreise im Ostberliner Politbüro am meisten verunsichern könnte. Die Sache mit dem „Vizekanzler" kam drüben so gut an, daß wir sie immer wieder gemeldet haben!

GEHEIM

GEHEIM

Information für Genossen Minister nur persönlich

Am 01.02.1983 fand ein Gespräch mit Josef März statt (14.3o Uhr - 5.3o Uhr).
März*) überbrachte Grüße von Strauß und berichtete über sein letztes Gespräch mit ihm in der vorhergehenden Nacht.
März kommentierte dazu, daß beide reichlich Alkohol getrunken hatten und deshalb von beiden Seiten in einer auch für ihre Beziehungen sehr leidenschaftlichen Art eine Reihe von Fragen, die die Beziehungen zur DDR berühren, angesprochen wurden.

*) natürlich Schalck-Golodkowski...

Jeder tüchtige Doppelagent weiß, daß er nicht nur falsche Informationen liefern darf, das wäre auf Dauer verdächtig! Hier ein gutes Beispiel für die richtige Mischung:
FALSCH: "... beide reichlich Alkohol getrunken..."
RICHTIG: "... sehr leidenschaftliche Art..."

GEHEIM

Bangemann s. dazu heutiges Interview in der Zeitung "Die Welt", steht fest zu Strauß und zählt zu den konservativen Politikern.
Ich hatte den Eindruck, daß Bangemann auch unter Einbeziehung finanzieller Abhängigkeiten in diese "freundschaftliche" Beziehung aufgenommen wurde.
Dabei spielt März eine wichtige Rolle.

Mit Hilfe der STASI-Dilettanten konnte man auch ganz leicht mißliebige politische Freunde aus dem Weg räumen. Die Schalck- bzw. März-Märchen wurden nämlich niemals nachgeprüft! Ich weiß aber nicht, ob Bangemanns Abgang nach Brüssel mit dieser Sache zu tun hatte.

DDR schon 1987 am Rand der Zahlungsunfähigkeit

Bonn (dpa) – Die DDR-Führung war schon 1987 darüber informiert, daß ihr Staat sich am Rande der Zahlungsunfähigkeit bewegte. In einem Vermerk an das für Wirtschaftsfragen zuständige SED-Politbüromitglied Günter Mittag forderte Devisenbeschaffer Alexander Schalck-Golodkowski im Oktober 1987 einschneidende Maßnahmen vor allem zur Exportsteigerung in den Westen, weil nur so die Zahlungsfähigkeit der DDR noch gesichert werden könne. ~~Die Ausarbeitung fand sich in Akten des Schalck-Untersuchungsausschusses des Bundestages und wurde am Donnerst~~... om CDU-~~Obmann Joachim H~~...
...s Geheimpapi...

Unser Agent Schalck hatte diese „einschneidenden Maßnahmen zur Exportsteigerung" deshalb gefordert, weil wir wußten, daß es in der DDR außer Rindvieh nichts mehr zu exportieren gab. Wenn nun dem sowieso schon unzufriedenen DDR-Volk auch noch das letzte Suppenfleisch wegexportiert würde, konnten wir mit einer wunderbaren Unzufriedenheit rechnen – immer mit dem Ziel vor Augen, das DDR-System von innen zu unterminieren!

ja gemerkt!
Bei allen diesen Transaktionen ging immer nur darum
a) diese korrupte DDR-Regierung gänzlich unmöglich zu machen und →

Dankenswerterweise hatte sich der international bekannte Fleischkonzern MAROKSEL bereiterklärt, Mir dabei zu helfen und übernahm die wirklich von der DDR exportierten Rinder zu Selbstkosten. Daß die bayerischen Viehzüchter diese weltpolitischen Zusammenhänge nicht verstanden haben, konnte Ich ihnen nicht übelnehmen. Aber es war Mir Wurscht, daß sie auf Mich sauer waren. Selbstverständlich mußte auch Mein Agent Schalck-Golodkowski aus der Sache herausgehalten werden, deshalb gab es auch keine Provisionen, das hätte die Fa. MAROKSEL—

b) durch gewisse Finanz- und Handelsmanipulationen die DDR von innen her zugrundezurichten! Hierher gehören auch die angeblichen Fleischgeschäfte mit der DDR, an denen eine Fa. Marox (Gebr. März!) angeblich verdient hat und vor allem die beiden aufsehenerregenden Milliarden-Kredite, mit denen ICH damals die vor der Pleite stehende DDR gerettet hätte*)! So ein Blödsinn! Die sog. Milliarden-Kredite waren ganz im Gegenteil die letzten Sargnägel für Herrn Honecker & Konsorten! Jetzt, wo das Geld längst umgetauscht ist, kann ICH es ja sagen: Diese sog. Milliarden waren Falschgeld, hergestellt in der Geldfälscherabteilung des Bundesnachrichtendienstes! Selbstverständlich hatten die Blüten (alles Hunderter) ein verstecktes Erkennungsmerkmal, das außer dem BND nur Schalck und ICH kannten. Honecker & Co. haben natürlich nix gemerkt, sondern sich noch sehr herzlich bedankt. Als danach die DDR

*) außerdem soll ICH davon Provisionen kassiert haben! Sie werden gleich verstehen, warum das gar nicht möglich war!

angefangen hat, ihre Auslandsschulden mit den Blüten zu bezahlen, habe ICH den Banken natürlich einen Tip gegeben! Aus war's mit der sowieso schon angekratzten Kreditwürdigkeit der DDR und mit dem ganzen System! Dem Herrn Gorbatschow blieb ja dann gar nix anderes übrig, als diese total bankrotte Filiale abzustoßen. Ihr habt ihm dafür einen Haufen Geld bezahlt und das Ganze als „Geschenk" betrachtet. O mei!

Obige Abbildung zeigt Mich mit Herrn Schalck-Golodkowski (hier als „Gesprächspartner") bei der Bereitstellung des sogenannten Milliardenkredits Nr. 2

Hier ist einer dieser von Mir, Herrn Schalck und dem BND gefälschten Hunderter, mit denen wir der DDR damals den Garaus gemacht haben, und zwar ein für alle Mal! Um festzustellen, wieviel dieser Blüten noch in Umlauf sind, darf Ich jetzt das geheime Kennzeichen enttarnen:

Die aufgedruckte 100 ist rechts oben viel größer als die 100 rechts unten!

Sollten Sie so einen Hunderter haben, dann können Sie ihn bei Ihrer Bank oder Sparkasse ohne weiteres gegen einen der neuen Hunderter eintauschen, die von der Bundesbank nicht ohne Grund erst vor kurzem eingeführt worden sind. Sie wissen jetzt, warum!

Fälschte die Stasi auch Banknoten?

Sechs Laser-Kopierer für alle Manipulationen geeignet / Blanko-Ausweise gefunden

WERNER KALINKA, Berlin

SED und Stasi verfügten nicht nur über beträchtliche (und bislang zumeist nicht aufgeklärte) Auslandsvermögen, sondern mit Hilfe der Laser-Farbkopierer auch über die Möglichkeit, durch gefälschte Banknoten im Ausland agieren zu können. Der Bereich OTS (Operativ-Technische-Sicherstellung) in einem MfS-Objekt in der Berliner Rödonstraße, in dem einige Kopierer installiert waren, war für die Erstellung aller Papiere und Materialien zuständig, die benötigt wurden, um jede Art von Dokumenten und Banknoten fälschen zu können. Formal war OTS eine selbständige Diensteinheit, in der Praxis jedoch von der Hauptverwaltung Aufklärung (HVA) kontrolliert.

Blanko-Ausweisen gefunden worden, wo von der Geburts- bis zur Heiratsurkunde alle Dokumente vorhanden waren, um neue Identitäten zu erstellen. Sogar die Tinte für entsprechende Dokumente und Siegel war innerhalb der Stasi-Objekte verfügbar.

Für den heimischen Einsatz brauchte die Stasi also Dokumente nicht zu fälschen. Erste entsprechende Feststellungen waren bereits nach der Enttarnung von RAF-Terroristen gezogen worden, die mit Stasi-Hilfe neue Legenden erhielten und jahrelang unentdeckt in der ehemaligen DDR Unterschlupf und Sicherheit finden konnten.

Bislang waren Stasi-Auflöser zumeist nur auf Uniformen und andere äußere Merkmale gestoßen, mit denen Stasi-Mitarbeiter beispielsweise in die Rolle von Volkspolizisten, NVA-Angehörigen oder Post-Bediensteten schlüpften, um in deren Rolle versteckt für das „Schild und Schwert" der SED zu arbeiten.

Sowas nennt sich Presse-Dokumentation!!! Zum Lachen, wenn's nicht so traurig wär'!

MfS

Abtlg.XXXX/45-é/92 Gen.Major D. Streng vertraulich, nur für den Dienstgebrauch!
MfS-Presse-Dok.

GEHEIM

Das haben sie geglaubt!

Sitzung des KoKo-Ausschusses

Schalck arbeitete eng mit der Stasi zusammen

Bündnis 90-Abgeordnete: Auch deutsch-deutscher Unterhändler Vogel ans MfS angebunden

Berlin (AP/Reuter/krp.) – Der DDR-Devisenbeschaffer Alexander Schalck-G... lodkowski war nach ersten Ergeb... des Bundestags-Untersuc... schusses viel enger mit dem ... Staatssic...

durch die Auswertung ... Akten bestätigt. Das Unters... mium hatte ... Vortag M... Donners... einen ...

Vor dem Ausschuß s... auch V... angehört werden. Er hat ... DDR m... ndesre... rhan...

Endlich!

München – Der ehemalige Stasi-Offizier und DDR-Devisenbeschaffer Alexander Schalck-Golodkowski (59), der unbehelligt am Tegernsee lebt, hat von den bayerischen Justizbehörden endgültig nichts mehr zu befürchten. Wie aus einem ... nen Bericht der bayerisch...

... Brief habe nichts Neue... ten, ist das objektiv falsch."

In den Mittelpunkt des Interesses der Opposition rückt in diesem Zusammenhang die ehemalige Schalck-Abteilungsleiterin Waltraud Lisowski. Sie löste im Auftrag der Treuhand bis September 1991 die SED-Auslandsfirmen aus dem früheren Schalck-Konzern auf, bis März 1991 sogar als Verantwortliche. SPD und Bündnis 90/Grüne erklärten, deshalb habe es Vermögensverschiebungen gegeben. Durch Untätigkeit des BND und des Bundesinnenministeriums sei Lisowski „unter dem Dach der Treuhand die praktische Möglichkeit eingeräumt" worden, „alte SED/Stasi-Seilschaften zu bedienen und Vermögen zu verschieben".

Die Untreue-Vorwürfe gegen Schalck ... selbst haben sich bisher nicht ... Berliner Justi...senatorin

Das gibt's nicht! Nebenstehend zeige Ich euch ein Foto von dieser Trandl Lisowski, aus dem ein für alle Mal unzweifelhaft deutlich wird, daß sie keinerlei Vermögensverschiebungen a) tätigen konnte und b) überhaupt nötig hatte!

... Sie hatte auch nach der Flucht Schalcks die Verbindung zu ihrem Ex-Chef aufrechterhalten.

Die Schalcks waren im Frühjahr 1990 vom Bundesnachrichtendienst (BND) für einige Wochen mit Reisepässen und Führerscheinen auf den Namen Gutmann ausgestattet worden. BND-Abteilungsleiter Volker Foertsch hatte damals seine Vorgesetzten vergeblich gewarnt, dank dieser Papiere könne Schalck Konten „abräumen", die er eventuell vor seiner Flucht unter Tarnnamen angelegt habe.

Schalck bezeichnete das Stasi-Protokoll am vorigen Freitag als „ausgemachten Schwachsinn". Lisowski sei bei der Schweizer Bank unter ihrem eigenen Namen für KoKo-Konten zeichnungsberechtigt gewesen; ein Vorgehen mit falscher Identität mache daher „gar keinen Sinn".

Jeden Verdacht, er selbst habe noch Zugriff auf KoKo-Millionen, weist Schalck zurück: „Meine Frau und ich hatten und haben keine Konten unter dem Namen Gutmann in der Schweiz", sagte er dem SPIEGEL. „Wir haben überhaupt keine Konten in der Schweiz."

Höchstens in Österreich!

Er ist ja dort fest angestellter Agent!

... zur Wieder... nicht klar war, durchaus Bedeutung hatte.

Unter dem Stichwort „Materielle Aspekte" erwartete Schalck ein Konzept „für berufliche Integration (Beraterverträge)", finanzielle Leistungen des BND, Krankenversicherung, Pensionsansprüche, die Klärung von Steuerfragen, die „Schleusung" seiner Saab-Limousine nach München und die Klärung seiner Vermögensverhältnisse in der DDR. Über Konten oder Vermögenswerte in der Schweiz verfüge Schalck angeblich nicht, notierte der BND damals.

Ferner bat Schalck, der in dieser Zeit mit seiner Frau unter dem Decknamen „Gutmann" im Münchner „Collegium Augustinum" untergebracht war, um eine Beratung zur persönlichen Sicherheit und zum Umgang mit befreundeten Nachrichtendiensten und den Medien.

Daß Schalck „durch Vermittlung der Strauß-Familie in München geschützt untergebracht wurde/wird ist zwischenzeitlich bestätigt worden", heißt es in dem BND-Vermerk vom 15. Januar 1990. Die Verbindung zum BND sei über den damaligen Staatssekretär im bayerischen Innenministerium und Münchner CSU-Vorsitzenden Peter Gauweiler zustande gekommen. Dieser habe den BND-Präsidenten am 12. Januar 1990 angerufen und darüber informiert, daß Schalck [redacted]

Oder haben ihn diese Schwachköpfe vielleicht entlassen? Aber so blöd können nicht mal die sein...

Das ist jene Traudl Lisowski, die angeblich im Auftrag der „Treuhand" (was sagen Sie, Frau Breuel?) ehemalige DDR-Firmen verschoben haben soll, bei der Überprüfung ihres Nummern-Kontos bei der [redacted] *) [redacted] in Zürich.

*) geschwärzt wegen unerlaubter Schleichwerbung

Mit Entsetzen
habe Ich festgestellt, daß der STASI leider schon lange der wirkliche Sitz unseres Bundesnachrichtendienstes bekannt war! Die Zentrale befindet sich nämlich nicht in Pullach bei München, sondern in einer neben dem Schloß Neuschwanstein in den Berg gehauenen Alpenfestung. Der BND-Komplex in Pullach ist eine Scheinfirma, in der nur für den Papierkorb gearbeitet wird. Nicht einmal der Präsident weiß Bescheid. Das ist auch der Grund, warum so viele Briefe nicht in Bonn ankommen und wenn, werden sie dort nicht gelesen (Vielleicht fallen euch ein paar Fälle ein). Jetzt wird es auch keinen mehr wundern, daß der wirkliche BND-Präsident Sch.-G. heißt!

Meine geheimdienstlichen Kontakte mit Herrn Schalck-Golodkowski mußten naturgemäß äußerst geheim bleiben. Neben konspirativen Wohnungen, sog. toten Briefkästen und verschlüsselten Botschaften bediente Ich Mich auch der in Agentenkreisen sehr beliebten „Operativen Personenmaskierung" (OPM)

Nur zwei Beispiele sollen hier zeigen, wie man mit ganz einfachen Mitteln völlig unkenntlich werden kann. Eine andere Frisur, ein Bärtchen, ungewohnte Bekleidung, schon erkennt einen der beste Freund nicht mehr! Verblüffend ist auch, wie zwei in die Backen gesteckte Wattekugeln das Aussehen eines Menschen total verändern können! (Abb. unten)

Aus MEINER STASI-Akte gebe JCH auch das folgende Zwiegespräch des Kanzlerehepaares frei, das aus dem Hinterhalt aufgezeichnet worden ist. Leider muß JCH feststellen, daß JCH von MEINEM damaligen Urteil ...

... über den Herrn Bundeskanzler, der zu MEINEM allergrößten Erstaunen immer noch im Amt ist, heute kein Jota zurücknehmen müßte, ganz im Gegenteil. Außerdem liegt hier ein Beispiel dafür vor, daß sogar STASI-Dokumente ihr Gutes haben. Dieses hier beweist, wie recht JCH immer damit hatte, den Treueschwüren MEINES politischen Freundes zu mißtrauen!

(1) Richtig! (2) Stimmt! (3) Vielleicht habe ICH damit der Kuh Unrecht getan. (4) Stimmt! (5) Sehr richtig! (6) Ganz besonders zutreffend! (7) Hier lügt er! (8) + (9) Er hat doch ganz genau gewußt, daß er nur deshalb leider Bundeskanzler geworden ist, weil a) die CDU keinen anderen gehabt hat und b) ICH nicht wollte! Aber im Verdrängen war der Helmut schon immer groß (wahrscheinlich das einzige große an ihm).

Seitdem Mein Freund Helmut Kanzler ist, werde Ich immer an Pfingsten nach Bonn geschickt, wegen der Erleuchtung! Ich glaube aber nicht, daß es etwas nützt!

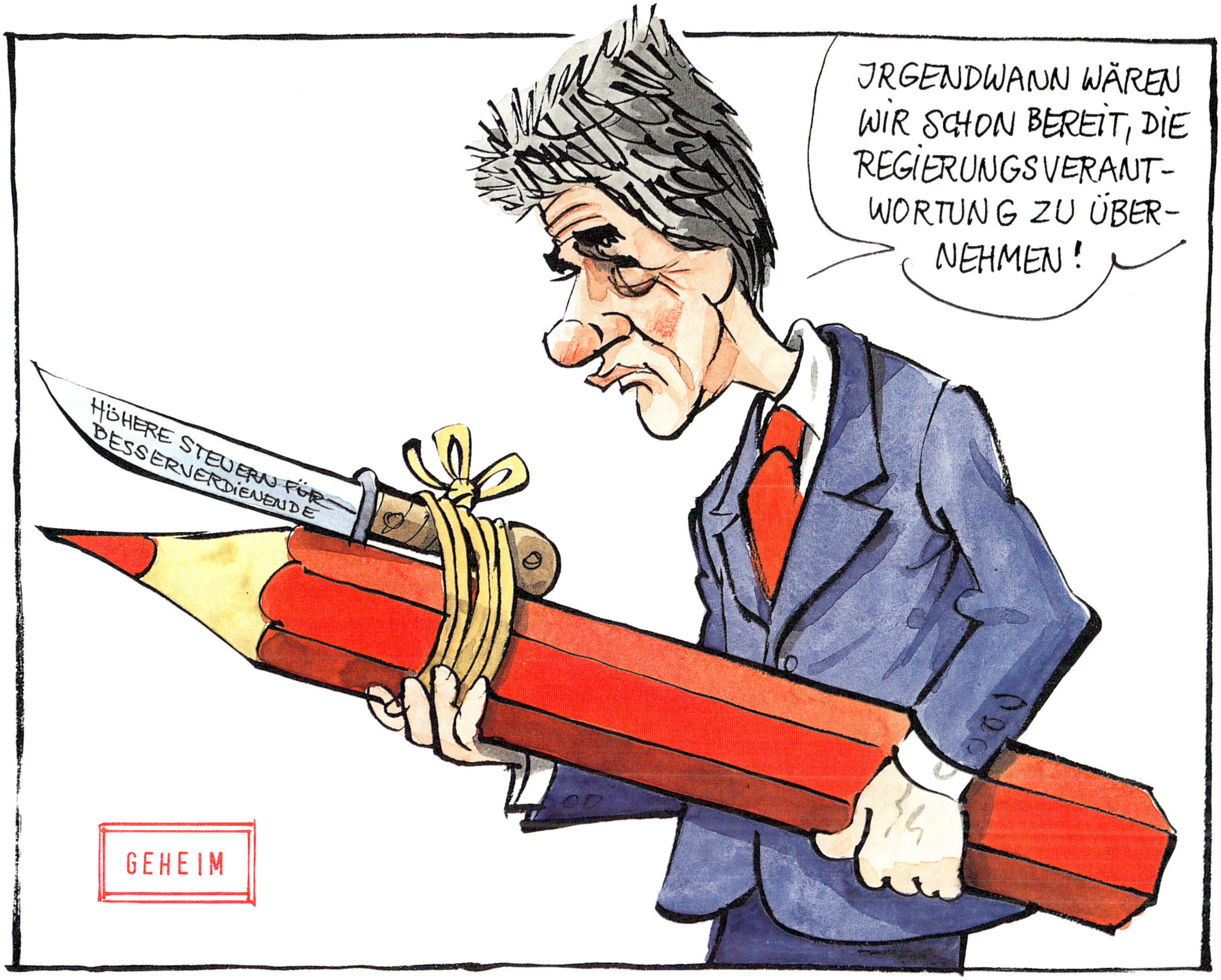

Von den Sozis hat der Helmut Kohl aber nichts zu fürchten, denn der derzeitige Kanzlerkandidat der SPD ist für dieses Amt ebensowenig geeignet! Da könnte man ja eher einen aufgestellten Kuhschwanz als Sockel für eine Kolossalstatue nehmen.

Manchmal habe Ich den Verdacht, daß dieser Herr Engholm auf der Gehaltsliste der „Konrad Adenauer-Stiftung" steht. Mir soll's recht sein.

Der Bayerische Ministerpräsident

8000 München 22 26. April 1988
Prinzregentenstraße 7
Tel. (089) 21650 · FS 05-23809

An den
Bundesminister für das Post- und
Fernmeldewesen
Herrn Christian Schwarz-Schilling
Franz Josef Strauß-Platz 1-12
53oo BONN 1

Daß sich diese STASI-Leute auch für sowas interessiert haben...?

Sehr geehrter Herr Schwarz-Schilling,

aus gegebenem Anlaß möchte ich Sie darauf hinweisen, daß ich einerseits weitere Ehrungen nicht nötig habe, andererseits meine Person zu meiner allergrößten Verwunderung immer noch nicht als Briefmarke herausgegeben worden ist!

Aus beigefügter Übersicht geht hervor, daß Ihre Briefmarkenabteilung offenbar fast jeden nimmt, nur nicht den bayerischen Ministerpräsidenten! Bringen Sie das in Ordnung! Um weitere Verzögerungen seitens Ihres Hauses zu vermeiden, lege ich einen von mir genehmigten Briefmarkenentwurf bei.

Ihr

Franz Josef Strauß

Sicher ~~Vielleicht~~ war damals in Bonn politisch nix los, wie so oft!

Übersicht für den Hr. Postminister

Einfach unglaublich, welche Herrschaften schon eine Briefmarke sind – und ICH bin wahrscheinlich bis heute noch keine! (Ist dieser Schwarz-Schilling immer noch Postminister?)

Seinerzeit von MIR genehmigter Entwurf für die längst fällige Franz Josef Strauß-Briefmarke.
(Wie ist die STASI eigentlich zu dem Original gekommen? Evtl. ein IM im Postministerium?)

Sehr gewundert hat es Mich, daß diese STASI-Stümper

MfS Streng vertraulich! Nur für den Dienstgebrauch!

Reg-Nr. XV/5647/84

INFORMATION
über
F. J. Strauß (TB)

sogar an Meine privaten Tagebücher herangekommen sind. Sehr verdächtig!

Washington, 27. Mai 1984

Kurzbesuch bei Ronald. Er ist in Schwierigkeiten, möchte Contras helfen (20-30 Mio $), aber der Congress stellt sich stur (vermutlich von Sozis aufgehetzt. Ich habe Ronald vorgeschlagen, die Saudis anzuzapfen. Ronald begeistert. Habe sofort vom ROTEN Telefon Prinz Bandar*) angerufen. Netter Bursche, leider ißt er am liebsten Big Macs von Mac Donalds (scheußlich). Bandar war auf einer Party, versprach, zurückzurufen. Mc F. kam dazu, Ronald informierte ihn kurz.

Scheiße! Habe heute vergessen, Henry zum Geburtstag zu gratulieren. Werde ihm als Wiedergutmachung ein Jahres-Abo vom „Bayernkurier" schicken.

*) damaliger Botschafter Saudi-Arabiens bei den UN.

Abschr. von Ob. Lt. Engelke (IM „Wirt") GEHEIM

Washington, 27.Mai 1984

Kurzbesuch bei Ronald. Er ist in Schwierigkeiten, möchte Contras helfen (2o-3o Mio Dollar), aber der Congress stellt sich stur, (vermutlich von den Sozis aufgehetzt). Ich habe Ronald vorge - schlagen, die Saudis anzuzapfen. Ronald begeistert. Habe sofort vom ROTEN Telefon Prinz Bandar angerufen. Netter Bursche, leider ißt er am liebsten Big Macs von Mac Donalds (scheußlich). Bandar* war auf einer Party, versprach, zurückzurufen. Mc F.• kam dazu, Ronald informierte ihn kurz. • Wer ist Mc F.?

Zusatz links senkrecht:
Scheiße! Habe heute vergessen, Henry zum Geburtstag zu gratulieren. Werde ihm als Wiedergutmachung ein Jahres-Abo vom "Bayernkurier" schicken.

* damaliger Botschafter Saudi-Arabiens bei den UN

Den liest heutzutage außer dem Scharnagl auch keiner mehr!

Einerseits verstehe Ich zwar nicht, was z. B. an diesen Notizen über Meine kleine, selbstverständliche Hilfestellung für den damaligen Präsidenten der USA, Ronald Reagan, mit dem Ich eng befreundet war, so wichtig sein soll. Andererseits steht jedoch eindeutig (für Mich) fest,

Sind Meine anderen Tagebuch-aufzeichnungen auch bei der STASI? Hoffentlich nicht!

MfS Streng vertraulich! Nur für den Dienstgebrauch!

Reg-Nr. XV/5647/84

INFORMATION
über
F. J. Strauß (TB)

Zum Teufel: Wer war dieser IM „Wirt"?

Washington, 28. Mai 1984

9 °° Uhr, Bandar ruft an (so früh!). Hat mit König Fahd gesprochen. Der will mit den Contras nix zu tun haben, ist aber bereit, 8–10 Mio $ auszuspucken, wenn er dafür von USA ~~400~~ 400 Stinger-Raketen bekommt. Ich rufe Mc F. an (Ronald schläft noch), empfehle ihm dringend, das Geschäft zu machen.
Am Nachmittag zum Airport, Flug nach Riad, Fahd erklären, was Reagan in Mittelamerika wirklich will. Mitternacht Audienz bei Fahd, leider diesmal ohne Bauchtänzerinnen, aber wenigstens Bier.

Abschrift: Lt. Engelke (Quelle: IM „Wirt")

Washington, 28.Mai 1984

9 oo Uhr, Bandar ruft an (so früh!) Hat mit König Fahd gesprochen. Der will mit den Contras nix zu tun haben, ist aber bereit, 8–1o Mio Dollar auszuspucken, wenn er dafür von USA ~~1oo~~ 4ooø Stinger-Raketen bekommt. Ich rufe Mc F.• an (Ronald schläft noch), empfehle ihm dringend, das Geschäft zu machen. Am Nachmittag zum Airport, Flug nach Riad, Fahd erklären, was Reagan in Mittelamerika wirklich will. Mitternacht Audienz bei Fahd, leider diesmal ohne Bauchtänzerinnen, aber wenigstens Bier.

• WER ist bitte Mc. F.?

Auch heute noch bin Ich der Meinung, daß ~~wir~~ Ich diese Sache gar nicht ungeschickt eingefädelt habe. Bei uns hat niemand etwas gemerkt...

daß mir jemand aus Meiner damaligen engsten Umgebung der IM „Wirt" gewesen sein konnte! Ich weiß nämlich noch sehr gut, daß Ich Meine Tagebücher immer in der untersten Schublade Meines Schreibtisches in der CSU-Zentrale versteckt habe. Und zu Meinem Büro hatten

MfS Streng vertraulich! Nur für den Dienstgebrauch!

„Nur für den Dienstgebrauch!"

Daß Ich net lach!

Reg-Nr. XV/5647/84

INFORMATION

über

F. J. Strauß (TB)

Genf, 27. Juni 1984

Habe heute überprüft, ob das Geld der Saudis wirklich auf dem Konto ist (Schweizerischer Bankverein im allgemeinen sehr zuverlässig).
Alles in Ordnung. Die Saudi-Dollar gehen morgen an die BAC International Bank auf den Kaiman-Inseln.
Jetzt sind die Contras vorerst mal gerettet (1 Mio $ im Monat).
Ronald ist befriedigt, Mc F. eifersüchtig, aber das ist mir Wurscht.

Abschr. ObLt. Engelke (Quelle: IM „Wirt")

GEHEIM

Genf, 27.Juni 1984

Habe heute überprüft, ob das Geld der Saudis wirklich auf dem Konto ist(Schweizerischer Bankverein im allgemeinen sehr zuverlässig).
Alles in Ordnung. Die Saudi-Dollar gehen morgen an die BAC International Bank auf den Kaiman-Inseln.
Jetzt sind die Contras vorerst mal gerettet(1 Mio Dollar im Monat).
Ronald ist befriedigt, Mc F.• eifersüchtig, aber das ist mir Wurscht.

• schon wieder: Wer ist McF.?

Diese Trottel kannten nicht einmal den damaligen Sicherheitsberater des US-Präsidenten (McFarlane). Ob er schon wieder aus Sing-Sing raus ist?

außer Meiner Sekretärin Frau [redacted] (für die Ich noch heute nicht nur Meine Hand ins Feuer lege) nur der Theo Waigel und Gerold Tandler jederzeit Zutritt, also auch, wenn Ich ausnahmsweise einmal verreist war. →

Das muß eine Fälschung sein!! Ich mag Blini überhaupt nicht!

MfS Streng vertraulich! Nur für den Dienstgebrauch!

Reg-Nr. XV/5647/87

INFORMATION
über
F. J. Strauß (TB)

Das ist der Beweis: Ein derartig altmodischer Begriff wie „Latifundien" gehört nicht zu Meinem normalen Wortschatz!

München, 13. Februar 1987

Zum Frühstück Kaviar auf Blini. In der Zeitung gelesen, daß Johannes zu seinen Latifundien nach Südamerika geflogen ist. Daraufhin Gloria angerufen und gefragt, ob ich am Abend vorbeikommen könnte. Sie hat die Entrüstete gespielt und gesagt, daß sie schließlich keine Nutte sei. Ich antwortete, daß ich das auch nicht angenommen hätte und ich hätte doch gar nicht an eine Bezahlung gedacht. Damit war das Eis gebrochen und es wurde noch ein längerer Abend im Schloß. Diese Adeligen!

Abschr. von Major Engelke (IM „Wirt") GEHEIM

München, 13. Februar 1987

Zum Frühstück Kaviar auf Blini.
In der Zeitung gelesen, daß Johannes zu seinen Latifundien nach Südamerika geflogen ist. Daraufhin Gloria angerufen und gefragt, ob ich am Abend vorbeikommen könnte. Sie hat die Entrüstete gespielt und gesagt, daß sie schließlich keine Nutte sei. Ich antwortete, daß ich das auch nicht angenommen hätte und ich hätte doch gar nicht an eine Bezahlung gedacht. Damit war das Eis gebrochen und es wurde noch ein längerer Abend im Schloß. Diese Adeligen !

Sollte Ich überhaupt wirklich bei der Fürstin gewesen sein, haben wir Uns ausschließlich über geschäftliche Dinge unterhalten. Die waren schon damals fast pleite!

Unvorstellbar, aber einer der beiden mußte der IM „Wirt" gewesen sein! Theo? Niemals! Gerold? Immerhin hat er bis 1949 in der „sog." DDR gelebt. Hat ihm die STASI damals das Gehirn gewaschen? Dann könnte er wenigstens nichts dafür. Vielleicht weiß Alexander mehr (anrufen!!).

... nicht nur vor Schwarzen beschützt hatte, ein Lieferant der Roten gewesen ist? Vielleicht darf man diese STASI-Akten doch nicht für bare Münze nehmen, darauf redet sich ja auch dieser Sozi Stolpe hinaus. Soll das für Gerold nicht gelten??

In diesem Zusammenhang erinnere Ich Mich an eine..

... Meiner zahlreichen (jedesmal auf allerhöchste Weisung erfolgten) sog. „Erdmissionen" aus Anlaß einer politischen Entwicklungshilfe für die CSU, die von Meinen selbsternannten Nachfolgern, die Ich nicht einmal als geeignete Kandidaten für den Faschingsprinzen in Nandlstadt (Hallertau) ansehen würde, in einen desolaten Zustand gebracht worden ist, für den der Ausdruck „Sauladen" noch eine optimistische Übertreibung wäre. Daß dieser Rettungsversuch auch an der Unfähigkeit der damaligen CSU-„Führung" wahrscheinlich ge-

scheitert ist und sicher auch deshalb von der STASI in Meiner Akte festgehalten wurde, sollte endlich denjenigen ein für alle Mal die Augen öffnen, die meinen, daß es auch ohne Mich geht! Aber es geht nicht ohne Mich, und zwar nirgends!* Meine größte Hoffnung hatte Ich noch in den Gerold Tandler gesetzt und war nicht nur a) enttäuscht, sondern b) auch sehr erstaunt darüber, daß er fast über Nacht seine vielversprechende politische Karriere an den Nagel gehängt hat und Direktor ~~einer~~ bei einer Eisfabrik geworden ist. War er doch der IM „Postwirt“?

*) siehe dort

Selbstverständlich ist in diesen STASI-Akten nirgends festgehalten, daß es für euch viel leichter gewesen ist, als es Mich noch gab – natürlich nicht für Mich!

Mir ist nämlich hier oben keineswegs entgangen, daß von den derzeit die Erde beunruhigenden sogenannten Weltkrisen so gut wie alle

a) erst entstanden sind, seit es Mich nicht mehr gibt,

b) nicht zu lösen sind, weil es Mich nicht mehr gibt und

c) gar nicht entstanden wären, wenn es Mich noch gegeben hätte!

Das betrifft z. B. Südafrika, den Nord-Südkonflikt, die ehemalige Sowjetunion, die ehemalige DDR, Europa, Afrika, „Jugoslawien" (wo war bitte Herr Genscher?), das Ozonloch, die Kernkraftwerke, die Weltwirtschaft, den „Jäger 90", das Waldsterben, die Staatsverschuldung, den Niedergang der CSU, usw.,
aber ihr müßt leider ohne Mich auskommen, so leid es Mir tut.

Der Erich Honecker hat leidenschaftlich gern Tischtennis gespielt. Jeder, der zu ihm wollte, mußte eine Partie mit ihm spielen und ihn gewinnen lassen, sonst wurde der Genosse Honecker sehr ungnädig. Nur der Schalck mußte nicht spielen, weil er außer den (von MIR) gefälschten „März"-Berichten

immer echte D-Mark mitgebracht hat. Die mochte der Honecker noch lieber als Tischtennis. Als BND-Agent „Gesprächspartner" hat Schalck auch heraus-gefunden, wohin der Genosse Staatsratsvorsitzende die Kohle geschickt hat: nach Zürich! Dort müßten mindestens 15-18 Mio DM liegen, wenn sie nicht jemand abgeholt hat, der die Geheimnummer und das Codewort bei der „[redacted]" kennt. Ich nicht!

Bundesnachrichtendienst

4 1 0 A 1 0 6 2 1 7 2 0

Streng vertraulich! **BND**
Nur für den Dienstgebrauch!

Name (bei Frauen auch Mädchenname) Honecker

Vorname Erich

Geburtstag, Ort, Kreis, Bezirk 25.8.1912 Neunkirchen (Saar)

wohnhaft 1120 Berlin-Wandlitz Lenin-Str. 1-8

Religion röm.-kath.

1.9.51

Nationalität deutsch

Muttersprache deutsch

Fremdsprachen (Wort oder Wort und Schrift) russisch, albanisch

Honeckers BND-Karteikarte

Auch wenn ihr es nicht glaubt: Erich Honecker höchstpersönlich war Agent des Bundesnachrichtendienstes! ~~Begossen~~ Beschlossen wurde die Zusammenarbeit in Honeckers Jagdhaus in der Nossentiner Heide

Dok.

GEHEIM

März übermittelte unbekannterweise beste Grüße von Strauß. Er würde es sehr begrüßen und hat März dazu autorisiert, einen speziellen Kanal zwischen ihm und dem Staatsratsvorsitzenden über Mich nutzen zu können.

Der Schalck hat damals gesagt, mit Deckung von „ganz oben" könne er noch viel mehr für uns tun und meinte, 15 Millionen würden reichen. Ich war eher skeptisch, aber es hat gereicht. „Der Honecker ist noch geldgieriger als Sie!" hat der Schalck einmal zu Mir gesagt, natürlich nur als Scherz!

Natürlich will der gute Erich das alles nicht mehr wissen und schimpft in seinen Memoiren furchtbar auf die „alten Kapitalisten", denen es nur „um die Beseitigung der DDR gegangen" wäre! Logo!

Damals habe es „mißbrauchte Mitläufer" gegeben, die „das alles nicht so gewollt haben".

So schrecklich mißbraucht ist er Mir gar nicht vorgekommen, als er damals das Geld nachgezählt hat.

Zum Schluß wartete in Meiner STASI-Akte noch eine Überraschung auf Mich. Ich hatte schon vor Jahren vorsorglich damit begonnen, einige Ratschläge für Meine selbstverständlich ~~unfähigen~~ weniger fähigen Nachfolger aufzuschreiben, unter strengster Geheimhaltung! Dazu gehörte auch einer Meiner besten Tricks, mit dem Ich immer und ohne jeden Zweifel erkennen konnte, ob Mich ein gesprächspartner*) anlog oder nicht!!! Leider muß

*) nicht zu verwechseln mit dem gleichnamigen BND-Agenten!

es in Meiner engsten Umgebung jemanden gegeben haben, der diese geheimen Aufzeichnungen der STASI zugespielt hat. Damit nicht diese Leute allein (außer Mir) Bescheid wissen, lege Ich den wichtigsten Trick hier für alle Welt offen:

GEHEIM

Notwendige (Über-)Lebenshilfe für Meine bedauernswerten Nachfolger

GEHEIM

Damit Ihr nicht völlig hilflos Euren Feinden (und Freunden) ausgeliefert seid, hinterlasse Ich Euch hier einen Trick, durch den man ganz leicht erkennen kann, ob Euch jemand anlügt – und zwar an seinen Augen!

GEHEIM

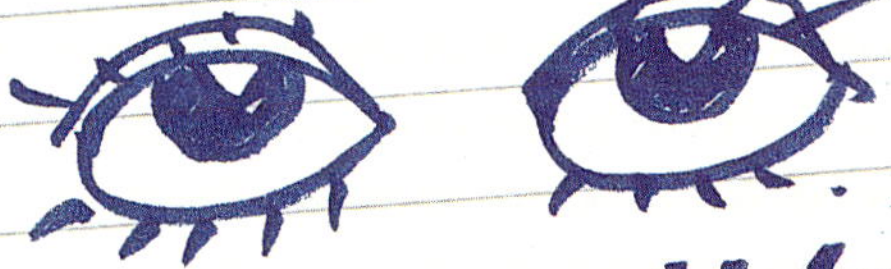

Es ist sehr schwer, aber Ich erkläre es so einfach, daß es jeder versteht, sogar Ihr!

GEHEIM

Die Augen lügen nicht!

Ich zeige das am besten an einem einfachen Beispiel. Mein Freund Helmut Kohl sagte einmal zu Mir:

...aber das war eine Lüge! Aber wie konnte Ich das wissen? Bevor Ich es Euch erkläre, folgt noch ein Beispiel:

Hannelore Kohl fragt ihren Mann:
GEHEIM
WO WARST DU DEN GANZEN TAG, HELMUT?
NATÜRLICH IM KANZLER-AMT!
UND WAS HAST DU GEMACHT?
Hier sagt er die Wahrheit!
NA WAS WOHL? JCH HABE REGIERT!!
Hier lügt er!
Hätte Hannelore das erkennen können?
Ja, sie hätte – und zwar ganz leicht!

GEHEIM

Als Helmut antwortete: „Ich habe regiert!", da schaute er (immer vom Gegenüber aus gesehen) nach

LINKS OBEN – OO –

ein untrüglicher Beweis dafür, daß er <u>nicht die Wahrheit gesagt</u> hat!*)

Damit das verständlich wird, muß Ich ein bißchen aus der Hirnforschung berichten:

Das Gehirn jedes Menschen (sofern er eins hat, und da habe Ich bei vielen die allergrößten Zweifel) besteht aus einer rechten und einer linken Hälfte. Jede hat ihre eigenen Aufgaben und Funktionen, aber für unser Thema „LÜGE ODER WAHRHEIT" beschränke Ich Mich des leichteren Verständnisses wegen auf jeweils <u>eine</u> Aufgabe für jede Hälfte:

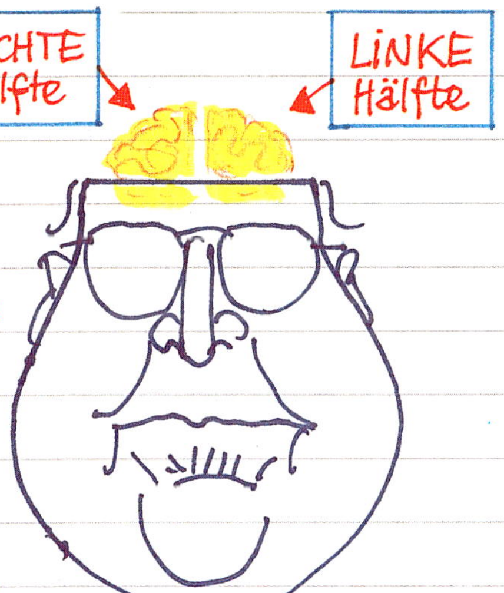

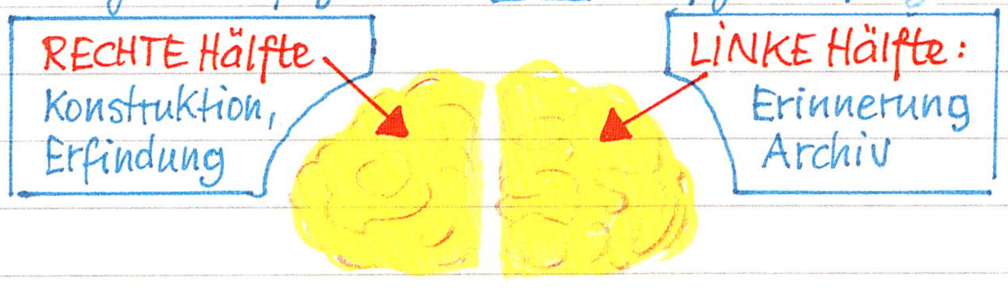

*) zugegeben, das hätte man auch so gewußt, weil er nie regiert hat und nie regieren wird!

Wer eine Antwort aus seinem Archiv (seiner Erinnerung) holt, der schaut unwillkürlich zu seiner linken Hirnhälfte hinauf, also – vom Gegenüber aus gesehen, nach

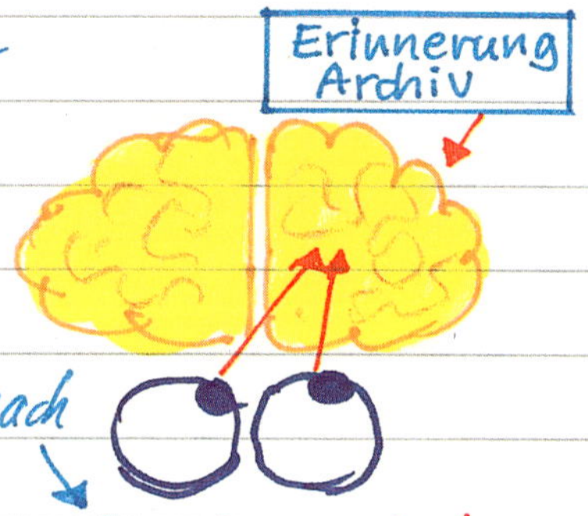

RECHTS OBEN!

Dadurch steht ohne jeden Zweifel fest, daß die Antwort wahr ist!

Wenn aber jemand unwillkürlich zu seiner rechten Hirnhälfte hinaufschaut (immer vom Gegenüber aus gesehen!), also nach

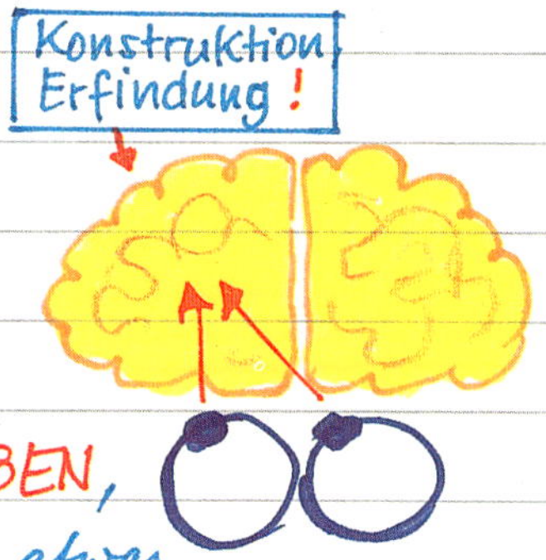

LINKS OBEN, der will etwas erfinden: ER LÜGT!

> Merke:
>
> LINKS = LÜGE!

Sollten Sie Mir das nicht glauben (was Ich nicht glaube), dann probieren Sie es doch einmal aus!

Stellen Sie sich jetzt das Gesicht Ihrer Frau vor (oder Ihres Ehemannes oder von sonst jemand, den Sie gut kennen). Na? Wohin haben Sie dabei geschaut?

Nach links oben, stimmt's?

Und wenn es nicht stimmt, dann kann es bei Ihnen nicht stimmen, weil Sie kein Rechtshänder sind! Bei Linkshändern ist es nämlich genau umgekehrt:

WAHRHEIT = 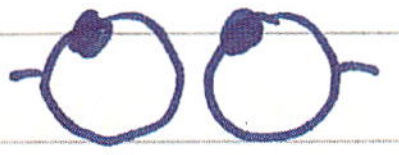 Blick nach LINKS OBEN

LÜGE = 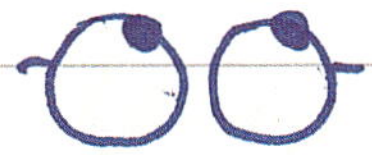 Blick nach RECHTS OBEN

Aber wie findet man heraus, ob der jeweilige Gesprächspartner*) Rechts- oder Linkshänder ist? Ganz einfach: Man bittet ihn, einen Nagel in die Wand zu schlagen, aber mit links!

Wenn er sich auf den Daumen haut, ist er mit großer Wahrscheinlichkeit Rechtshänder und schaut beim Lügen nach LINKS OBEN!

Achtung! Diese Blicke nach LINKS OBEN oder RECHTS OBEN dauern natürlich keine Ewigkeit, sondern höchstens ein paar Zehntelsekunden. Man muß also gut aufpassen!

*) siehe Fußnote auf Seite 87

Gottseidank hat die STASI Meine anderen politischen Ratschläge (es sind mindestens 30) nicht geliefert bekommen! Es wäre ja möglich gewesen, daß sie sie a) verstanden und b) auch noch befolgt hätten – und dann wären zum Schluß diese Herrschaften heut' noch an der Macht! Leider kann Ich Mich nicht mehr daran erinnern, wo Ich den Notizblock mit den politischen Tips damals versteckt habe. So schaut er aus→. Vielleicht irgendwo in der Hanns-Seidel-Stiftung??? Otto, schau schnell nach, Du weißt schon, wo...!

Schlußwort

„Man soll nicht zuviel verlangen", hat Mein Kollege Albert Einstein gesagt. Deshalb wäre Ich schon sehr zufrieden, wenn Ihr aus diesem Buch nix anderes gelernt haben solltet als den Trick, mit dem man herausfindet, ob einer die Wahrheit sagt oder nicht. Wohin habe Ich gerade geschaut? Nach LINKS OBEN oder nach RECHTS OBEN? Nichts gemerkt? Ihr müßt aufpassen, Leut', höllisch aufpassen! PS: Ich bin Rechtshänder...

Der enttarnte IM „Silberling" muß als Strafe für seine **STASI**-Spitzeleien bis in alle Ewigkeit Schleichwerbung für Meine Bücher machen! Als erstes habe Ich ihm „Die ächten Memoiren" gegeben, die sollten nämlich weg sein, wenn das neue Buch hier auf den Markt kommt! Auf geht's!